DAS LEBEN IST SCHÖN

VON GERD STEINKOENIG

© 2021, Gerd Steinkoenig
Herstellung und Verlag: BoD – Books on Demand, Norderstedt
ISBN: 9783754349069

KAPITEL 1 FRAUEN (OB KATZE ODER MENSCHEN...)

Meine Diva Molly, Teil 3 (irgendwann un facebook)

Es war schön anzusehen, wie sich mein Kätzchen als Kleinkind entwickelte. Neugierig und experimentierfreudig erkundete sie das Leben. Im 1. Jahr war sie ja noch nicht draußen (außer bei ihren Ausflügen über den Dachkannel zur Nachbarskatze, die aufeinmal bei mir auftauchte) und so stemmte sie sich mit einem Klimmzug (!) die Musikschrankschublade hoch. Man muss ja schließlich schauen, was sich dahinter verbirgt. Mancher Sprung als kleines Katzenmädchen ging auch mal schief und wenn ich sie "retten" konnte, blickte sie mich dankbar an. 2005 bekam ich Molly, 2006 meine "1.Generation" Zwergkaninchen (Marilyn Manson) und Meerschweinchen (Devilinchen). Ich redete auf meine Katze ein: "Friends, No Food". Keine Ahnung, warum ich das auf Englisch sagte, auf jeden Fall: Manson, Devilinchen und Molly waren die besten Freunde. Molly und Manson spielten miteinander und Molly besuchte die Beiden in ihrem Käfig, um es sich auf ihrem Heu gemütlich zu machen, um ein Nickerchen zu machen... Als das Katzenmädchen erstmals im Außenrevier war, dauerte es nicht lange und die Mäusejagd begann. Ich werde nie vergessen, als sie ihre erste Maus entdeckte. Ich hatte sie schon reingeholt, aber der Trieb war stärker. Also, ich meine Jägerin wieder rausgelassen und schnurstracks lief sie an die vermutete Mausstelle. Ob sie ihre Beute fing, ich weiß es nicht. Aber Tage später saß sie, als ich sie abholen wollte, mit stolz geschwellter Brust auf dem Rasen und miaute mich an: komm her, komm her, ich muss dir was zeigen... Und so entdeckte ich neben ihr, das erste erlegte Mäuschen... Übrigens: den erwähnten Klimmzug machte sie auch im Außenrevier über eine Mauer. Und wann kommt endlich die Fuchsstory? Hangover, wie bei "Dallas", Fortsetzung folgt...

Meine Diva Molly, Teil 2 (irgendwann in facebook)

Momentan liegt sie "zusammengeknoddelt" im Chefsessel und schläft. Letzte Nacht war sie wieder im Außenrevier. Endlich hatte ich sie soweit, die "normalen Ausgehzeiten" einzuhalten, da scheppert aufeinmal der sch... Feuermelder. Da dachte sich wohl das Katzenmädchen, draußen unterm Lieblingsbaum ist es ruhiger. Seit Wochen hält mich Molly auf Trab zu jeder Uhrzeit wann es Madame passt, in welches Revier es ihr genehm ist, draußen oder drinnen. Natürlich ist sie noch voll drauf, wenn sie lange draußen war und ich muss sie erst runterbringen: mit ihr sprechen, streicheln, sie loben... Also, Ihr merkt schon, meine Katze hat mich gut erzogen, lach ;-) Aber im Ernst: selbstverständlich bilde ich mir weiterhin ein, der Chef zu sein. Wenn ich Molly reinholen möchte, spurt sie sofort, da reicht ein "ts ts ts ts" und sie springt herbei (na ja, zu 95 %, könnte eine Maus gerade interessanter sein...), oder sie weiß genau, wo sie in der Wohnung nicht hin darf. Oder wir führen tatsächlich Gespräche, da weiß ich 100 %ig durch die Stimmhöhe, Art des Geräuschs etc, was das Katzenmädchen möchte (oder auch nicht möchte). Nun, momentan ist eine Weiterentwicklung ihres Lebens, eine neue Phase. Wir sind eine grandiose Symbiose, wir können uns gegenseitig vertrauen, und z.Z. führt sie halt neue "Öffnungszeiten" ein. Es ist auch in Ordnung, denn ich habe schon immer den Freiheitsdrang meiner Katze unterstützt. Im Schnitt, war es vor diesen Wochen so: mittags raus, abends rein. Und was hatte sie tolle Erlebnisse! In den Anfangsjahren gab es viele Katzen in den Gärten und Rasen. Da brauchste keinen Fernseher mehr, wenn man Samstagmittag am Fenster beobachtet, wie sich 6 Katzen beobachten. Molly´s Freundin Cloe saß seitlich auf ihrer Fensterbank und schaute. Die anderen Katzen, inklusiv Molly, waren auf unserem Rasen verteilt, ohne auch nur einer winzigen Bewegung. Jede(r) beobachtete Jede(n) und alle auf dem Sprung. Und es geschah... nichts! Irgendwann trollten sie sich. Einen unfairen Stänkerer aus der ferneren Nachbarschaft gab es: einen orangeroten Kater. Dies war der Todfeind von Molly. Es war die einzige Katze, die Molly nicht besiegen konnte. Urplötzlich - das Fenster war offen - hörte ich wildes, panisches Geschrei, ich an´s Fenster gestürmt, da sah ich, wie mein Katzenmädchen Fersengeld gab. Damals waren an der Bahndammanhöhe noch Bäume (an die Insider: vergleicht mit den Fotos von "Projektfoto365") und nun sprintete Molly flugs über den Zaun und versteckte sich hinter einem Baum. Stolz brüstete sich der Orangerote in der Mitte des Reviers als Sieger. Dann musste ich lachen durch eine tolle Situationskomik: aufeinmal sah ich ein Ohr und ein Auge meiner Katze, wie sie vorsichtig hinterm Baum vorlugten, mit dem Blick: isser noch daaa, und ruckzuck war das Köpfelchen auch wieder weg... Das war´s für heute.... demnächst natürlich Teil 3 :-)

FRAAAAAAAAAAU (Prosa GFS, 04.09.2021)

Für immer Dich lieben

Für immer Dich fühlen

Für immer Dich vertrauen

Für immer Dich verstehen

Für immer Dich spüren

Für immer Dich lecken

Für immer Dich küssen

Für immer Dich streicheln

Für immer Dich riechen

Für immer Dich schmecken

Für immer Dich ewig ❤❤

Für immer Dich bumsen ❤❤❤

 Für immer Dich meine Zunge zwischen Deinen Beinen...

Füe immer Dich wärmen

Für immer Dich umarmen

Für immer Dich in Dir

Für immer Dich Ich liebe Dich in 1000000000000000 Ewigkeiten

Für immer Dich nuur Duuuuuuuuu <3 <3 Wir sind EINS <3 <3

ALEXANDRA und die Zahl 27...

CLUB 27! Ihr wisst ja,z.B. Jimi Hendrix, Janis Joplin oder Kurt Cobain, Jim Morrisson, Brian Jones, Amy Winehouse mit 27 gestorben... Und Alexandra!! KEINE Schlagersängerin!! Sondern Chanson-Kunst!! R.I.P. 1969 - Mein Freund der Baum ist tot...

KAPITEL 2 KATZEMÄÄÄDSCHE MOLLY

Katzemääädsche aka Molly aka Diva, geboren 2005 - gestorben 2021

Bei meinen Büchern sind diverse Worte und Fotos, sogar von 2 Titelbildern... Sie ist eben Starin, Fotomodel - bei facebook, instagram etc immer noch dabei... Durch "Erinnerungen"-Postings, Fotoalben, Videos, desweiteren... Sie ist unsterblich: unsere Seelen sind unsterblich, irgendwann sehen wir uns wieder!!!! Meine Gefühle von ihr ist immer noch da, z.B. wenn sie auf meiner Brust schlief oder wenn ich an den diversen Stellen streichelte (Kinn, Zehchen, Kopf, Rücken, desweiteren...)

KAPITEL 3 LEBENSMUSIKALBEN

Gerd Steinkoenig

7. September 2018 ·

Mit Öffentlich geteilt

In der Klinik Alzey hatte ich - neben meinem "Tagebuch" - eine Liste von 30 Alben! NUR EINE Band! Theraphie im Gehirn... Beispiel: meine 3 Lieblingsbands Genesis, Pink Floyd, The Beatles, d.h. gegebenenfalls Genesis mit Selling England By The Pound, Foxtrot, A Trick Of The Tail, Wind & Wuthering, and then there were three und und und... ABER NUR EINE! Übrigens: Es ist das Genesis-Album The Lamb Lies Down On Broadway (1974). Das war im Oktober 2017 in Alzey. Handynotiz verschollen, im Kopf das Fragment... Pi mal Daumen meine 30 LEBENSALBEN!! Music Was My First Love... Übrigens: grandiose Songs fallen weg, weil halt DIESE Alben da sind oder "nur" große Songs sind, d.h. Bette Davis Eyes (Kim Carnes), If You Leave Me Now (Chicago) oder Teardrop (Massive Attack feat. Liz Fraser) und und...

JETZT ABER DIE 30 LEBENSALBEN VON GERD STEINKOENIG

The Lamb Lies Down On Broadway (Genesis)

The Dark Side Of The Moon (Pink Floyd)

The Beatles "Weißes Album" (The Beatles)

Rust Never Sleeps (Neil Young)

Ballhaus Pompös (Udo Lindenberg)

Nina Hagen Band (Nina Hagen Band)

Zwesche Salzjebäck un Bier (BAP)

Ghost In the Machine (The Police)

Brothers In Arms (Dire Straits)

Heroes (David Bowie)

Songs In the Key Of Life (Stevie Wonder)

Thriller (Michael Jackson)

Like A Prayer (Madonna)

Woodstock-Soundtrack (Original-Vinyl 1970, Live war 1969)

Nevermind (Nirvana)

Use Your Illussion 1 & 2 (Guns n Roses)

Made In Japan (Deep Purple)

The Song Remains The Same (Led Zeppelin)

Red Skies Over Paradise (Fischer Z)

Piktors Verwandlungen (Anyone´s Daughter)

Caverna Magica (Andreas Vollenweider)

Watch (Manfred Mann´s Eartband)

Crime Of The Century (Supertramp)

A Night At The Opera (Queen)

Rumoiurs (Fleetwood Mac)

Diamond Life (Sade)

The Kick Inside (Kate Bush)

Highway To Hell (AC/DC)

The Joshua Tree (U 2)

Legend (Bob Marley)

Wow - kein The Doors, Cream, Metallica, Annie Lennox, Janis Joplin, Prince, Bruce Springsteen und und... Sind halt nuur 30! Ziemlich 90 % hatte ich aber heute geschrieben vom damaligen Oktober 2017 - in den ersten Wochen im Schlaganfall. Immer gelaufen, Gabel in der Hand gehalten, geschrieben...

C P Gerd Steinkoenig 07.09.2018 / LEBENSALBEN

KAPITEL 4 ZEITOASEN (6 FOTOS & ERKLÄRUNGEN)

Seite 1684)

Die große Frage nach dem besten Gitarristen aller Zeiten! Besonders in den 60ern und 70ern waren Leadgittaristen Götter. Im London der 60er stand dann auch an einer Hauswand: Clapton is God. Es gibt die großen, historischen Namen, die relativ Unbekannten, die eigenen Favoriten.

Steve Hackett und Mike Rutherford (Genesis), David Gilmour (Pink Floyd), Jimi Hendrix, Eric Clapton (Cream, Blind Faith), Mark Knopfler (Dire Straits), Andy Summers (The Police), The Edge (U 2), Jimmy Page (Led Zeppelin), Ritchie Blackmore und Steve Morse (Deep Purple), Angus Young (AC/DC), Randy California (Spirit), John Cipollina (Quicksilver Messenger Service), B.B. King, Brian May (Queen), Steve Howe (Yes), Jeff Beck, Rory Gallagher, Eddie Van Halen (Van Halen), Mick Taylor (Rolling Stones), Slash (Guns n Roses), Prince, Neil Young u.v.a. Sehr zu empfehlen dazu das Rolling Stone-Sonderheft "Die besten Gittaristen"! Natürlich in meiner Printsammlung....

Große Gitarrensolis (Comfortably Numb, Free Bird, Purple Rain, Highway Star, Stairway To Heaven, November Rain, Heartbreaker, Time Waits For No One....), grandiose Intros oder Acousticinstrumentals (You Really Got Me, Satisfaction, Horizons, Johnny B. Goode....). Die Rockwelt ist voll von sensationellen Gitarrengewittern, Luftgitarren spielen wollen, abfahren, abhotten, eins werden mit dem Gitarrensoli: zum Bier trinken und Party machen zu Mute ist mir bei diesem Solotrip:

https://youtu.be/FLApZ_vX8bw Van Halen - Eddie Van Halen solo HD Pittsburgh 03-30-2012.MTS

Das Video stellte ein US-Freund meiner fb-Mentorin Ca. rein...

F (1. August 2017)

Der Grammy Award for
Sinatra, Stevie Wonder
den Rekord für die meis
Teil der Gruppe Simon
Mal nominiert und sind
Interpreten wurden dr
Elton John, die Rapper
Sting.

44 Mal waren Interpr
den meisten Auszeich
gewinnen, Kanada st
ging die Auszeichnun
Deutschen Klaus Voo
João Gilberto ging de
englischsprachigen L

Bei den Produzente
Lanois, David Foste
Toningenieure Chri
und Warren Riker
damit die erfolgrei
zwei Mal für das M
Rekordhalter.

Gewinner und No

Jahr   Künstler

der Kunst

1959

Benutze es..!

»Wann immer du feststellst, dass du auf der Seite der Mehrheit bist, wird es Zeit innezuhalten und nachzudenken!«
Mark Twain

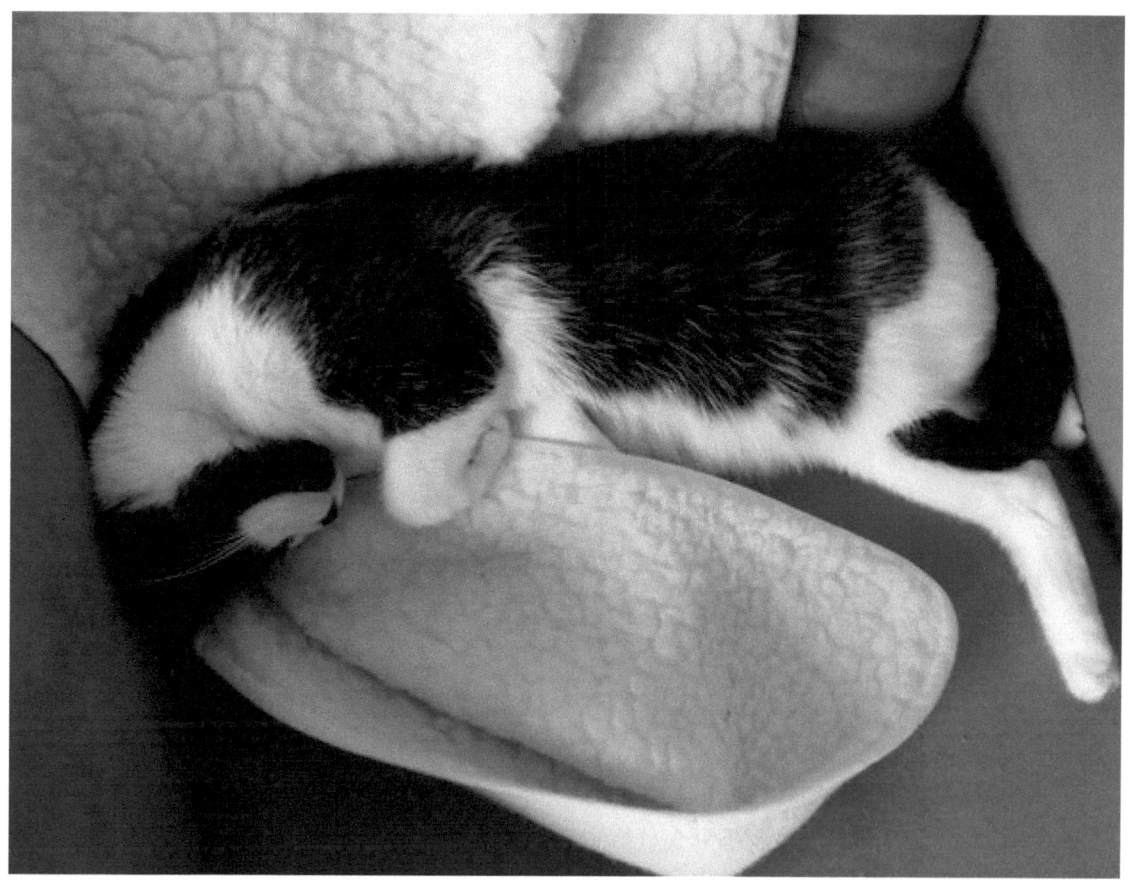

ZEITOASEN... DAs 1. Foto ist ein Ausschnitt aus meinem 6. ISBN-Buch LIEBE IST ALLES (2017), ca 2 Monate vor meinem Schlaganfall. Es geht da um viele, geile Gitarrengötter... Natürlich hab ich DANACH von ISBN-Buch 8 bis dieses Buch (ISBN-Buch 24) nützlich geschrieben. Aber es ist irgendwie anders. Bei den ersten 7 ISBN-Büchern von 2017 war ich mehr enthusiastischer, spaßiger, mehr Infos. Aber alles ist gut!! Ich hab seit der Klinik Alzey 2017 Entwicklungen, Fortschritte, Diszipline, Kreativitäten, Hoffnungen - und natürlich auch Blues und wääääh, aber viel sonniges Gemüt mit Kampf, Mut, Wille, Disziplin! RUST NEVER SLEEPS... Foto 2 und Foto 3: die Gegenwart der Zeit am (Stand heute) 08. September 2021 - über die Blödheit der Menschheit (85 % der Menschen sind definitiv blöd!!), Foto 4 bin ich mit Verwandten, Freunden, Autos und das Zweite von rechts-Foto ist mein Vater und ich (siehe ISBN-Buch 23 DIE STORY VON POPULÄRER MUSIK), Foto 5 ist eine kleine Zeitensammler-Sequenz (von Odeon-Vinylsingle der Beatles bis Rocklexikon bis Steppenwolf-Buch von Chr. und mein letzter Job als Seniorenbetreuer (zweite Foto von rechts), Foto 6 - Ihe kennt es schon - moi Katzemääädsche Molly (ca. 2 Monate vor dem Schlaganfall)...

KAPITEL 5 FACEBOOK-TAGEBUCH

Gerd Steinkoenig

31. August 2010 ·

Mit Öffentlich geteilt

Weitere 70er-Alben in meiner Gruppe "LiebhaberInnen von 70er Rockpop-Musik". Schaut mal rein :-))) Natürlich darf auch über 80er, 90er oder 2000er Musik diskutiert werden :-))) Hauptpunkt sind aber die glorreichen 70er mit Pink Floyd oder Bob Marley oder Led Zeppelin usw. WELCOME MY FRIENDS!!! Euer Gerd

-----

Das war 2010 vor 11 Jahren... Kurze Zeit später hieß es Good Old RockMusic und ist geheim! Zu 99 % von 3 Admins die you tube Musik posten, meine fb-Mentorin (von 2010 bis 21012 oder 13) mit Caro La, der Internet-RadioMensch Gottfried und ich. Eigentlich bin ich der GORM-Boss, aus technischen Gründen haben wir nun 3 Admins, das ist sehr schön!! Meine älteste fb-Gruppe!!

Gerd Steinkoenig

31. August 2017 ·

Mit Öffentlich geteilt

ENDLICH! GESCHAFFT! WAR DAS EINE SCHWERE GEBURT! Der abschließende, abrundende Fotoband MUSIC WAS MY FIRST LOVE zu meinen 6 Büchern - die EINS sind - wurde freigegeben und beauftragt   In 1 - 2 Wochen könnt Ihr den Fotoband auf amazon, Thalia, buecher.de und Co. erwerben. Und nicht vergessen: mein Buch LIEBE IST ALLES hat Sehnsucht nach Euch und möchte gelesen werden.

----

ca 25 Tage später Schlaganfall... Durch facebook habe ich ein Tagebuch... Im Endeffekt im

Nachhinein... Ich hab z.B. am Vortag (!!) des Schlaganfalls ein Video gemacht und gesprochen über den Bundestagswahlkampf 2017... An jenem Videotag war abends das Ergebnis. Natürlich hatte ich keine Ahnung und dann... Aber ich hab diese Dokumentationen von Videos und/oder Fotos und/oder Postings , z.B. vom fb-Anfang 2010, mein Umzug von KL nach Annweiler 2015 (Sprung über die Schlucht), mein Diamantsternchen Christina aus Wien (jetzt bist Du ewig durch die Deutsche Nationalbibliothek, R.I.P.), die diversen messenger-Dialoge (ist anscheinend ewig dabei!! Nach vielen Jahren hatte ich vom Diamantsternchen die ganzen Dialoge gelesen!! Sie ist immer noch "elektronisch" da (sie hat ein Memorial-Account). Auch wie meine Molly moi Katzemäääädsche: sie ist immer noch da... Und durch viele Fotoalben, da hat man die Zeiten...

Gerd Steinkoenig

21. August 2012 ·

Mit Öffentlich geteilt

Hallo, meine lieben PC-Spezialisten   Jetzt mal im Ernst, wer kann mir einen Tipp geben. Ich verzweifele an meinen Browsern. google chrome funktioniert am Schnellsten, aber prinzipiell: Seiten lassen sich nicht öffnen, shockwave flash, dauert ewig bis aus (z.B.) The Ville etc. Andere Browser (firefox, opera) sind eh zu lahm. Und mit explorer (ein Witz) muss mir keiner kommen. Was beachte ich nicht, was brauche ich gegebenenfalls? Danke für Eure Hilfe :-))

.....

facebook-Tagebuch heißt auch, die Zeiten ändern sich nicht nur aus der Erinnerung (ob man das überhaupt weiß...), sondern der Ist-Zustand - z.B am 21.08.2012: und ich dann, wasss, war ICH das... Lach... Heute lache ich über diese Dinge...

Vor 25 Jahren ist Rio Reiser (Ton Steine Scherben) gestorben! Lieder wie Junimond, Der Traum gibts nicht mehr! Heute ist deutschsprachig nur noch staatsmainstreamige Scheiße...

1 Kommentar

Alexander Weiß

Zum Glück gibt's viiieeel Guten Deutschrock, der nicht auf die PR der Medien angewiesen ist. Dieses Lied bringt's mal wieder auf den Punkt:

Ich kenne Alexander, ich kann das machen! Er hat meine 7 ISBN-Bücher von 2017 gelesen und genossen. Und er hat mich beschenkt als Dank! Vielen Dank, lieber Alexander, Good Old Headbanger... Nun bist Du in der Deutschen Nationalbibliothek!

KAPITEL 6 BEST OF MY BOOKS

Natürlich nur 0,000000000000000000001 % aus meinen Büchern (ISBN und no-isbn). Wie bei facebook ist auch da eine Art Tagebücher von meinen Books von 2017 bis 2021. Bei den ersten 7 Büchern von 2017 "davor" war es anders, insbesondere aus dem 1. Buch BLOOD ON THE ROOFTOPS (durch "Notizen" von fb von 2010 bis 2017). "Danach" merkte ich meine Momentums... Nach einiger Zeit ein Buch gelesen und gedacht, wie war ich da drauf - dabei war es erst 2019... Durch mein letztes definitives Buch hab ich ein Tagebuch über meine Gedanken, Synapsen, Theaphien, Erlebnisse, Erinnerungen, Kreativitäten von 2017 bis 2021!! Ein no-isbn-Buch ist dabei von 2018. Ein Theraphie-Buch namens DAS EICHHÖRNCHEN AUS DER DIMENSION. Da bin ich ein ganz anderer Mensch, erst ein paar Tage/Wochen nach den Kliniken durch meinen Schlaganfall (und während des Buchs hatte ich Epilepsie). Dadurch hatte ich Momentums aus den Zeitoasen! Die weiteren Bücher sind ISBN-Bücher von mir: BLOOD ON THE ROOFTOPS, ZEIT DES LEBENS (Zweite Auflage), DANACH, und mein Pseudonym-Buch DIE ZEITLÄUFERIN VON GERD STEINKOENIG (Beatrice Farber). Es ist eine sehr kleine Auswahl, um den Sinn meiner Bücher zu verstehen. DAVOR mit dem Gag "Bett Bett Bett Bier Bier Bier" (war halt damals so davor) oder das Genesis-Momentum "Mad Man Moon" bis DANACH wie z.B. meine Alzey-Queen(SIE hat erstmals gelacht!!) oder meine Logopädin mit ihrem Janis Joplin-Spruch ...

Das erste Jahrzehnt

Zeitgeist der 1960er: Mit Schirm Charme und Melone 2011 auf arte, Beatles oder Stones auf "Good Old RockMusic", 60er Jahre-Radio auf last.fm, mittlerweile gibt´s neue Serien die in den 60ern spielen, das erste Jahrzehnt meines Lebens, Telefon mit Wählscheibe, die erste Waschmaschine, 2 Programme im TV ab 1963, Farb-TV ab 1967, APO und Minirock, JFK und Mondlandung, 2001-Odysee im Weltraum und Raumpatrolie Orion, Sommer voller Schmetterlinge, Stachelbeeren aus dem Garten... (fb 2011)

Die definitiven 10 Supersongs! Ich weiß, neverending Story... 1) It's all over now Baby Blue (Bob Dylan, Covers: Van Morrison, Eric Burdon etc), 2) The Lamia (Genesis), 3) Kashmir (Led Zeppelin), 4) Sheep (Pink Floyd), 5) I'm The Walrus (The Beatles) 6) Julia (Pavlovs Dog) 7) Cowgirl In The Sand (Neil Young) 8) Hammer Horror (Kate Bush) 9) Sense of Doubt (David Bowie) 10) Highway Star (Deep Purple) 10.06.2021 by GFS

Später hatte ich die 19 Megasongs auf you tube (vorher in diesem Buch!)... Vorher bei diversen Büchern, Mappen... Immer Momentums, aber immer wieder Supersongs, Lebenssoundtracks... (19.06.21)

MAD MAN MOON...

GERD STEINKOENIG·SAMSTAG, 27. FEBRUAR 2016·2 Mal gelesen

Mad Man Moon, Ripples, Entangled - 3 Songs aus dem fulminanten Progrock-Album "A Trick Of The Tail" von Genesis (1976): melancholisch, zeitlos, einmaliger nicht wiederkehrender Sound. Zeitreisen mit Musik. Zurückfahren ins Zimmer bei den Eltern, Plattenspieler, neugieriges hören und entdecken... Das Plattencover anschauen, die Texte lesen, eins werden mit der Musik mit dem Überstülpen der Kopfhörer (ich meine Kopfhörer, nicht die komischen Stöpsel heutzutage). Es ist Wochenende, Ende der 1970er, ich fahre nach KL zu meinen Kumpels in die einschlägigen "Studenten"Kneipen. Zappa läuft, Pink Floyd oder Jethro Tull oder eben Genesis (KL war in den 70ern eindeutig Genesis-Stadt - fragt mal das Lautrer Mädsche Stefanie Tücking). Das damalige Lebensgefühl, der damalige Geschmack von Freiheit... Ist das ein Gelaber von einem Menschen, der alten Zeiten nachtrauert? Nein! Überhaupt nicht! 2016 ist - rein privat, politisch ist die Weltlage ja kacke, aber das ist ein anderes Thema - außerdem: damals lebten wir schließlich auf dem Vulkan und tanzten zum Kalten Krieg...) - super, ich bin zufrieden, zuversichtlich, neugierig auf die Zukunft. Aber die Musik, diese unwiderbringlichen Zeiten der guten, alten Musik. Nun, ich bin auch heutiger Musik und neuen Sounds sehr angetan. Überhaupt kein Problem! Aber wohin sind die Zeiten, als Musik als Kunst und wertvolle Kultur verstanden wurde? Wo ist der Idealismus des Musik machen wollens, der Musik wegen - nicht wegen der Chartkohle? Das gab es auch in den 70ern, logo, Abba, Boney M... Heute scheint es mir nur so zu sein. Es gibt auch 2016 grandiose Rockmusik abseits der Charts. Aber wenn ich meine Topalben/songs hören möchte, weil ich eine schöne, geile Zeit will mit Musik, die direkt ins Blut, ins Herz, ins Hirn geht, dann sind es die alten Sounds, die oben genannte A Trick Of The Tail von Genesis. In dem Moment wünsche ich mir, das jeder das Feeling hört oder versteht, wenn man die Tür öffnet zu Mad Man Moon oder Ripples... Oder all die weiteren ProgrockSachen von Genesis (The Lamb Lies Down On Broadway, Selling England By The Pound), oder die Pink Floyd-Alben (Dark Side Of The Moon! Wish You Were Here!), oder hört mal das Album Watch von Manfred Manns Earthband. Oder Sachen von Supertramp, Yes, 10cc... So viel: abhotten mit dem Hardrock-Monument Made In Japan von Deep Purple, die Stufen erklimmen vom Stairway To Heaven von Led Zeppelin, all die LagerfeuerMomente mit Neil Young (Harvest!). Die Zeiten ändern sich, die Momente, die Sounds, die Zeitgeister.... Wer kann 2060 sagen, wie das Lebensgefühl war, 1976 oder 1979... Kann keiner, diese Momentums sind nicht konservierbar - nur in den Hirnen derer, die sie erlebt haben... Und sie werden für alle Zeiten verschwinden, wenn diejenigen Menschen in ihre nächste Lebensdimension entfahren...

46

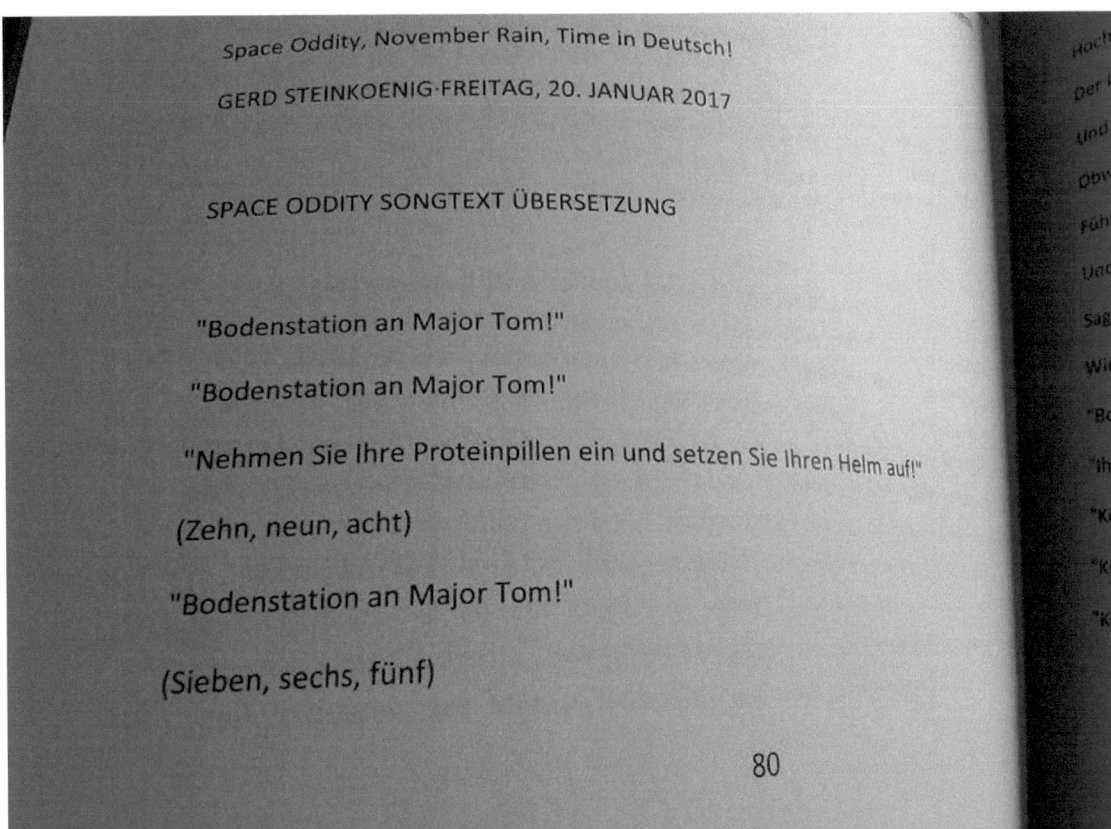

nach seiner Fasson", sagte schon Friedrich... positiv Euer Leben und glaubt an das Gute: All You Need Is Love, Give Peace A Chance!

MEIN LIEBLINGSSOUND IST VON SCHINKEN IN DER PFANNE (Waltzing Matilda-Sänger Tom Waits)

SPECIAL THANKS für die Inspirationen: Gott, Universum, meine Eltern, Mfls, Speedy, Guiseppa, Nik Cohn, Christina, Marina A., Marina B., Christine, Alexander H., Alexander W, Dorothea, Anne, Carola, Martina   :-D

BIER BIER BIER, BETT BETT BETT (Homer Simpson)

La le lu

Nur der Mann im Mond schaut zu

Wenn die kleinen Babys schlafen

Drum schlaf auch du

(Heinz Rühmann 1955)

Stuhlecke: ... Wochen), Kreuzworträtsel... Fragment-Fotos mit "Türsteher"... ...ecke, Gänge, ...uch, desweiteren... Eichhörnchenbaum...

07.01.18: Sitzordnung im Kopf mit "Mensch ärgere dich nicht" mit Queen of Menschärgere dich nicht... Hatte ich ihr gesagt... Physio hatte mich gelobt... SIE HAT ERSTMALS GELACHT... Beim Frühstück, sie rollt in den Speisesaal, und wieder gelacht: sie patscht mit dem rollstuhl auf den Türpfosten - von mir aus gesehen links... Ich hab so viele Erlebnisse... Ach ja: DIESEN ABEND!! Rechts Queen´s Kleiderschrank... Links das Bett... Vorbereitung von Kleidung... Ich hab ihr geholfen mit Kleiderschrank.. Was wohin.. Sie bisschen zicking... Wir beide in UNSERER Hirnebene... Wie kann ich das beschreiben... Ich habs auf jeden Fall forever in meinem Hirn!!

Und nachts um 2 aufeinmal die Queen im Kopf, ihr Gesi cht, IHRE STIMME!! Mein rotes Zöpfchen!

KAPITEL 2

KAPITEL 2

Gerd - Wie geht es eigentlich Dir? Wer bist Du??
Bea - Ich bin eine Zeitläuferin! Du interessierst mich! Es gibt immer Sinn oder Nichtsinn. Bei Deiner Art bin ich neugierig auf dich. Zeitläuferin ist eine Art Dr. Who, wie dieser TV-Seriehheld. Er ist ein Timelord. Ich bin ein bisschen ähnlich...
Gerd- Echt jetzt?
Bea - Ja! Du bist willkommen und siehst immer deinen Horizont. Du bist nicht engstirnig, du bist ein Weltbürger. Aber du bist paradox... Weltbürger - aber zuletzt 1986 im Ausland... In dem Sinn ist das Unsinn. Ich brauche keine Grenzen. Auch in Deutschland kann ich die diversesten Menschen kennenlernen. Hauptsache, du hast Tapetenwechsel, Abwechslungen. Wenn ich Zeitläuferin bin, hab ich zig Lichtjahre pro Sekunde - und ihr habt nur ein paar Kilometer zur nächsten Grenze. Oder diese sogenannten Rechtsradikalen, Nazis. Diese Leute haben keinen Durchblick über das Raumschiff Erde, zerbrechliche Erde, wie diese Menschen einfach die Lebensnahrung wegwerfen, wie die Regenwälder, Ozonlöcher, sauerstoffarme Ozeane, ausgestorbene Tiere etc. Und eben diese scheiß Grenzen. Im Universum ist keine Grenze, nur auf dem Planeten Erde.
Gerd - Wow! Das sind im Endeffekt meine Worte... Über das Raumschiff Erde gibts einige Bücher von mir.
Bea - Hab ich alle Bücher gelesen. Waren nur 5 Sekunden, weil ich eben eine Universumsfrau als Zeitläuferin bin.

Sag mir...

Warum

Sag mir...

Warum

Dies ist das Buch, das ich nie gelesen habe

Dies sind die Worte, die ich niemals sagte

(Annie Lennox, "Why")

oder weniger Musik... Mehr oder weniger neue Hobbys? Hat mein Leben JETZT SINN?! Sind die Epis dadurch Sinn im Leben
Mehr oder weniger? Schlag nach Sinn, aus dem Sinn... Demut! Geheilt...

Ein steiniger Weg! Und hoffentlich positive Krankheit. Und Selbstbewusstsein! Bin doch immer bei den Kliniken, der Beste, der junge 58jährige, das muss ich machen. Wohnung, Finanzen, Freunde, partnerin, das will ich machen!

Unterwegs von der MRT "zu Hause" mit dem Auto in die Pfalzklinik. Dämmerung zum Abenddunkel, vorbei rauschend Häuser und Eigenheime Licht in den Zimmern. Familie haben dessen, Games oder Musik hören im Kinderzimmer, Jobfeierabend mit Eltern bei Fernsehen oder Hausarbeit... Da erinnere ich an die 60er, 70er, 80er im Elternhaus... Unbeschwert kindisch und jetzt ein Hoch für Familienhaus: Eltern nerven (voller Demut!), aber eine Frau oder WG oder Frau mit Kidern oder Hausgemeinschaft... Gestern waren wunderschöne Frauen in diversen Wartezimmern. Alle waren mir sehr hingezogen! Die Blonde im skandinavischen Einblick, mmmh... War wohl Psycho - aber Psycho sind normal, jaaaa!

Seit Herbst 2017 Lieblinge der Bäume mit individuelle Ästelungen - Schönheit! 500 Jahre leben Bäume, beobachten in stoische Ruhe die Menschen Geschichte.

Kein Grübeln!

Mensch ärgere dich nicht - Seniorenheim Annweiler (für die Blinde bin ich sehend), Alzey (für die Queen Silke), Klinik Klingenmünster (für den Zimmernachbar Bj 34).

Frankreich, Paris,Flugzeug, Achterbahn, Überwindung, Vorsehung, Reise ins Gehi
niversum, Glück, Gott, NYC, Volleyball, positive Energie, Betreutes Wohnen, ni

(10.01.18)

Die liebe Frau xxx und ich haben eine Stunde die Zeit vergessen. Heute schwächte ich in meinem Konzentration. SIE hat wieder schöne Worte, Übungen, Statement, immer in DEM Punkt. in Zukunft muss ich regenerieren regenerieren lassen, dies ist der IST- Zustand von meinem Gehirn! Allerdings können Wege auch kurvige Wege sein, z.B. mein zukünftiger Ehrenamt-Job in der Senioren-Tagesstätte (Probejob nächsten Mittwoch über den ganzen Tag): 40 Stunden-Woche kann ich abschminken, dafür eben in 20 Stunden oder 30 Stunden. Ich dachte, in 1 Jahr oder so, dann gehts 40 Stunden, jetzt sind es halt 20 Stunden...Schöner Satz von Frau xxx waren der Glaube mit der universellen Energie, das zweite Leben, find ich gut! Ebenfalls von meiner Logopädin:

Freiheit ist ein anderes Wort dafür

das man nichts zu verlieren hat

("Bobbie McGee" / Janis Joplin)

Frau xxx: Ein langes, neues Leben anfangen!

17